Leudys Yoel Acevedo Naranjo

5 Principios De Oro Para Reinar

Leudys Yoel Acevedo Naranjo

5 Principios De Oro Para Reinar

Para personas con ADN de realeza

CREDO EDICIONES

Imprint
Any brand names and product names mentioned in this book are subject to trademark, brand or patent protection and are trademarks or registered trademarks of their respective holders. The use of brand names, product names, common names, trade names, product descriptions etc. even without a particular marking in this work is in no way to be construed to mean that such names may be regarded as unrestricted in respect of trademark and brand protection legislation and could thus be used by anyone.

Cover image: www.ingimage.com

Publisher:
CREDO EDICIONES
is a trademark of
International Book Market Service Ltd., member of OmniScriptum Publishing Group
17 Meldrum Street, Beau Bassin 71504, Mauritius

Printed at: see last page
ISBN: 978-620-2-47893-9

5 Principios De Oro Para Reinar

Para personas embarazadas,
o que quieran estarlo de una visión del reino

LEUDYS YOEL ACEVEDO

Tema: ¨**5 Principios De Oro Para Reinar**¨.

Autor

Leudys Yoel Acevedo

Para pedidos e invitaciones

(809) 231-5676 Residencia

(809) 231-5480 Iglesia

(809) 282-0126 Móvil

Ministerio El Mesías, Inc. Restaurando Vidas.

Aceved2@hotmail.com

www.restaurandovidas.ning.com

facebook/yoelacevedo

twitter/yoelacevedo

diagramacion@hotmail.com

Para personas embarazadas o que quieran estarlo, de una visión del reino.

Contenido

Agradecimientos:

Al Rey de reyes, Señor de señores, al deseado de las naciones, a mí amado Jesús.

Ante tu presencia Señor Jesús, me rindo, y acepto tu señorío sobre mi vida.

A mí amada esposa, y fiel colaboradora del reino, Glendis Ozuna Feliciano.

A mi princesita Crystal Esmirna Acevedo Ozuna, destinada a reinar.

A mi querida madre, y ejemplo espiritual, Camila Naranjo (Marina).

A la iglesia El Mesías, Inc. Mi gran familia, y mi gran motivación en el reino.

A todas y todos, los ciudadanos del reino, que como yo creen en el establecimiento del señorío de Cristo, sobre todo lo creado.

A todos los que colaboraron conmigo en este proyecto del reino.

Bendiciones.

Prólogo

Nadie mejor que el pastor y amigo Yoel Acevedo para escribir las palabras reveladoras de Los Cinco Principios de Oro para Reinar, y yo con el privilegio de poder comentar como testigo presencial de que estas palabras han sido el resultado de una impartición del Espíritu Santo de Dios sobre este hombre para darla a conocer a los lectores de fe a través de este libro.

El carácter coherente del contenido cien por ciento basado en la fe que usted como lector podrá disfrutar y adueñarse, es la esencia de una serie de sermones que en los últimos años hemos escuchado salir del corazón del escritor. Es un material no apto para espectadores, una vez inicie el breve recorrido por los Cincos Principios de Oro para Reinar te darás cuenta que para vivir lo que Dios ha decretado en tu vida debes pasar a ser un actor de fe.

Poder recibir el mensaje que nos revela nuestra

identidad, al lugar que pertenecemos, del linaje que somos, nos pone en el ambiente necesario para comenzar a ver el real accionar de la palabra viva de Dios. Este libro le obligará a eliminar todo prejuicio sobre la verdad absoluta de que los cristianos estamos llamados a vivir prósperamente al sujetarnos a la grandeza y el poder de Dios.

Le recomiendo este libro como compañero de vacaciones, cuando el enemigo quiera hacerle creer que usted no pertenece a la realeza, cuando necesites una guía práctica y sencilla para que se concretice lo de Dios en tu vida, haciendo tuyo los principios de Proyección, Expectación, Conexión, impartición y realización, que inspirado por la gracia de Dios nos presenta Yoel Acevedo.

Lic. Marcelo Ureña.

Pastor Asociado, Ministerios El Mesías, Inc.

Introducción

¿TENGO SANGRE DE LA REALEZA?

En ética, ¨**Los principios son reglas o normas de conducta que orientan la acción. Se trata de normas de carácter general, máximamente...**¨

Estás a punto de hacer un gran descubrimiento en tu vida, que seguro trastornará todo tu entorno, la repuesta a la pregunta es si, tienes sangre real en tu vida, eres parte de la realeza.

«Pero vosotros sois linaje escogido, real sacerdocio, nación santa, pueblo adquirido por Dios,

Para que anunciéis las virtudes de Aquel que os ha llamado

De las tinieblas a su luz admirable...» (1 Pedro 2:9).

Eres linaje escogido, real sacerdocio, esta declaración de la realidad, legitimarás tu ascenso al trono, está bien si pensabas que no eras digno y que solo unos pocos podrían tener éxito, la religión nos enseñó que era la voluntad de Dios que estuviéramos así, pero ahora entiendes, no es por meritos propios, hay uno **"Jesús"** Rey de reyes, Señor de señores, que legitimó tu ascenso al reino, hay un decreto real que gravita sobre ti, y que te da derecho legal al trono, es solo que lo creas; y te prepares para declararlo, esta transferencia, de derecho legal sobre la tierra, la encontramos en Génesis 1:28, ¨Y los bendijo Dios, y les dijo: Fructificad y multiplicaos; llenad la tierra, y sojuzgadla, y señoread en los peces del mar, en las aves de los cielos, y en todas las bestias que se mueven sobre la tierra¨. (Génesis 1:28).

Aquí la palabra *´´***señoread***´´*, viene del idioma hebreo, **Mamlakah**; y significa: ¨**reino propio, reino independiente**¨. De manera que el deseo de Dios fue darles al hombre y a la mujer, un reino propio, no una religión, sino un reino, por esa razón cuando el hombre le falló al Rey de reyes, perdió su reino, no una religión, ni la salvación, sino su reino.

¨Y lo saco Jehová del huerto del Edén, para que labrase la tierra de que fue tomado...¨ (Génesis 3:23).

Tiene que entenderlo, naciste para reinar sobre todo circunstancias que se te presenten, por tanto; comienzas a cambiar tu vocabulario, la manera de pensar, actuar, y de adorar, comienzas a visualizarte como rey, imagínate en la corte, teniendo éxito en tu ministerio, en tu empresa, en tu familia, en tus estudios, proyéctate como lo que eres, linaje escogido.

Por eso quiero ahora hablarte un poco acerca del reino de Dios y de su señorío, para luego abordar los 5 principios para reinar.

¿Qué es el Reino de Dios?

¿Existe diferencia entre: ¨El Reino de Dios, y El Reino de los Cielos¨?

Es muy importante que puedas establecer la diferencia conceptual que existe entre ambas expresiones.

"Reino de Dios..." y "Reino de los Cielos..."

La palabra "El Reino de Dios", se emplea (**68**) veces, en diez libros diferentes del Nuevo Testamento.

Mientras que la palabra **"Reino de los Cielos"** es empleado (**32**) veces, y solo aparece en el evangelio según de Mateo.

Algunos entienden, que dado el carácter judaico, del libro de Mateo, es decir Mateo escribe exclusivamente a los judíos, y por esa razón se cuida al hablar del reino de Dios, dado que los judíos rechazaron a Jesús, como rey, por eso usa la expresión, "Reino de los Cielos".

Ahora bien si analizamos el capítulo (19) del evangelio según Mateo, en la historia del joven rico, notaremos la diferencia que el mismo Jesús establece.

Jesús utiliza **"Reino de los Cielos"**, para hablar del reino espiritual, ¨**entonces Jesús dijo a sus discípulos, yo os digo la verdad, es difícil para un rico entrar en el Reino de los Cielos...**¨ (v.23)

En el siguiente versículo, Jesús proclama, ¨**y una vez más te digo, es más fácil para un camello pasar por el ojo de una aguja, que para un hombre rico entrar en el Reino de Dios...**" (v.24).

Note que Jesús utilizó las frases **"Reino de los Cielos" y "Reino de Dios".**

El Reino de los Cielos: es el reino espiritual de Dios, de donde nació el proyecto de salvación, para la humanidad.

Note que Jesús dijo: es difícil para un rico, entrar en el reino de los cielos, difícil, no imposible, es posible que los ricos se salven, también, para ellos es el plan de salvación, pueden entrar al reino de los cielos, pero Jesús dijo "es difícil".

Ahora bien donde queda nula la posibilidad de entrar, es en el reino de Dios.

¿Qué es el Reino de Dios? Es la ejecución del señorío de Cristo, sobre todo lo creado.

Por eso le es difícil a un rico entrar en el Reino de Dios, porque el señorío de Cristo, es la extensión de la propiedad del reino.

El es el Rey y Señor, y la palabra en hebreo, empleada para referirse al Señor, es **"Kurios"** significa, el dueño, el propietario.

Por esa razón, si aceptas el Reino de Dios, debes aceptar su señorío, el es el dueño de todo, de absolutamente todo.

Por eso él le dijo al joven rico, "vende todo lo que tienes y dalo a los pobres".

En otras palabras, yo soy el dueño de todo, y decido que hacer.

"De Jehová es la tierra y su plenitud, el mundo y los que en el habitan" (salmos 24).

Los ricos tienen como prioridad, sus riquezas, pero en el Reino de Dios, es el señorío de Cristo lo primordial, y él decide lo que debes hacer.

En el feudalismo, los grandes propietarios, los

poseedores de grandes porciones de tierras y riquezas, eran llamados "señor feudal", porque el señorío, está ligado a la propiedad.

Por eso si un rico no cumple con el principal requerimiento del Reino de Dios, no puede entrar en él.

Nota, me refiero al Reino de Dios, que es la ejecución de la soberanía de Dios, y de su señorío, sobre todo lo creado.

Del principal requisito para entrar en el Reino de Dios, hablaré más adelante.

La palabra ¨Kurios¨, es la que se emplea, en el idioma hebreo para referirse al Señor.

Esto lo veremos en la historia a continuación, Jesús envía a sus discípulos, a buscar un burrito que estaba en un lugar. (Lucas 19:28-44).

29Al acercarse a Betfagé y a Betania, al monte que se llama de los Olivos, envió a dos de sus discípulos,

30diciendo:

--Id a la aldea de enfrente, y al entrar en ella hallaréis un asno atado en el cual ningún hombre ha montado jamás; desatadlo y traedlo.

31Y si alguien os pregunta: “¿Por qué lo desatáis?” le respondereis así: “Porque el Señor lo necesita”.

32Fueron los que habían sido enviados y hallaron como les dijo.

33Cuando desataban el asno, sus dueños les dijeron:

--¿Por qué desatáis el asno?

34Ellos dijeron:

--Porque el Señor lo necesita.

35Lo trajeron a Jesús; y habiendo echado sus mantos sobre el asno, subieron a Jesús encima.

El burrito, nunca había sido montado por nadie, por eso Jesús les advierte a los discípulos “si le preguntan qué hacen, decirle, el Señor lo necesita, y en efecto, les dijeron a los discípulos ¿Qué hacen? Ellos dijeron el Señor lo necesita.

Aquí la palabra Señor empleada es **Kurios,** significa: el propietario, el dueño.

Jesús no había acordado con nadie, que iba a necesitar ese burrito, pero como él es el Señor, el Kurios, el propietario, el dueño de todo, lo envió a buscar.

Note, que el burrito no había sido montado por nadie, y hago énfasis en este detalle porque es muy revelador.

Imagínese que usted es rico, y tiene un Mercedes Benz del año, (cero 0 kilómetro), estacionado en su casa, y de pronto les dan la noticia que el Señor lo mandó a buscar ¿Qué harías?

Esta es una buena ilustración de cómo opera, el Reino de Dios, es la ejecución del señorío de Cristo, sobre todo lo creado.

“Porque por él fueron creadas todas las cosas que están en los cielos, y que están en la tierra, visibles e invisibles; sean tronos, sean dominios, sean principados, sean potestades; todo fue creado por él y en él...”

(Colosenses 1:16).

En el Reino de Dios, tu eres un administrador, el es el Rey y Señor de todo.

Un burrito que no había sido montado, por nadie, equivale hoy a un Mercedes Benz (cero 0 km).

Y esta historia bíblica demuestra el sentido de prioridad, que el Rey demanda, Dios siempre te pedirá la primicia.

De manera que ahora debes decidir, si te rindes y aceptas el señorío de Cristo, y reconoce que todo le pertenece, o prefiere seguir siendo tu propio señor.

No estoy hablando de salvación, ni de religión, el Reino de los Cielos está abierto, el plan de salvación es para todos y todas.

Pero el "Reino de Dios", no es para todo el mundo.

Si estás dispuesto, entonces prepárate para abordar el primer principio, el de la proyección.

Primer Principio: Proyección

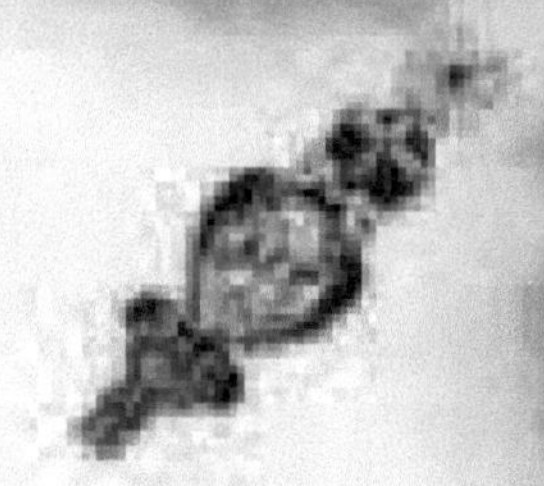

¨Hacer visible sobre un cuerpo o superficies la figura o la sombra de otro¨.[1]

Este principio es representado por el **Cetro Real**, donde te vas a apoyar para proyectarte. Lo primero que tienes que hacer; si quieres reinar, es proyectarte en el decreto de ese reinado que Dios te ha dado. Proyectarte es visualizar tu destino profético, definir y establecer en el reino espiritual todo lo que tú crees que es posible en Dios.

Es decir, estoy en este lugar, en esta situación, en este proceso, pero mi proyección es estar en otro mejor lugar, en otra mejor situación, en otro mejor contexto.

"Tu proyección determina tu destino profético", te digo, tienes que verte como Dios te ve, esa proyección de tu vida tal y como Dios la ve, envía un mensaje claro al reino espiritual, y legitimará tu reinado, en otras palabras, tu situación actual es momentánea, tu circunstancia, tus limitaciones o enfermedades no tienen legalidad en tu destino profético, es solo una situación de momento que tienes que pasar.

¨**Tu proyección expande tus posibilidades**¨, Te abre puertas, esto lo aprendemos de los economistas y las instituciones financieras, los organismos financieros de los países, suelen pronosticar el comportamiento económico del país, ya sea trimestralmente o cuatrimestralmente, esa proyección de cómo estará la economía, determina la toma de grandes decisiones e incluso de grandes inversiones.

Los inversionistas esperan esos informes, y esas proyecciones de cómo estará la economía, para invertir sus capitales, igual sucede en el reino espiritual, cuando puedes hacer una buena proyección de tu vida, de tu ministerio, de tu familia, empresa, etc., las personas querrán estar contigo, se interesarán en ti, en tu ministerio etc, querrán invertir en tus proyectos, porque proyectan en ti futuro, éxito, gloria celestial.

Por eso digo, tu proyección determina tu futuro profético, si proyectas gloria, las personas verán gloria en ti, levanta tu mirada, eleva tu espíritu, no importa como te sientas o lo que estés enfrentando, empieza a creer que algo glorioso viene para tu vida, para tu ministerio, para tu familia, la Biblia dice hablando el apóstol Pablo en 2 Corintios **"Creí por lo cual también hablé..."**. (2 Corintios 4:13).

Comienza a decirlo a los demás, algo grande viene a tu favor, y de esa declaración nacerá el sueño de Dios en ti, te vas a embarazar de esa proyección de lo que Dios dice que eres, recuerda la Biblia dice en el libro Génesis: **"Y vio Dios que todo lo que había hecho era bueno y en gran manera..."**. (Génesis 1:31).

Tú ha sido creado a imagen y semejanza de Dios, eres lo que él dice que eres, bueno y en gran manera.

Imagínate que te presento un billete de 2,000 pesos nuevo acabado de salir del Banco y te pregunto si lo quieres, de seguro que sí, pero si el mismo billete lo enrollo y le quito la forma de nuevo, ¿lo seguirás queriendo?, creo que sí, y si además lo tiro al piso y lo ensucio y lo pisoteo, casi hasta perder su tinte, ¿lo seguirías queriendo?, claro, no ha perdido su valor, sigue siendo un billete de 2,000 pesos.

Eso mismo pasa contigo, no importa que en la vida te

hayan pisoteado, ignorado y tratado injustamente, no has perdido tu valor, eres lo que Dios dice que eres, vales lo que Dios dice que vales.

Tienes que levantarte y comenzar a proyectarte como lo que eres, un príncipe una princesa, obra maestra irrepetible del creador.

Una buena proyección de tu vida, de tu ministerio, de tu familia, de tu empresa, etc., te prepara para embarazarte de un sueño de Dios, y ese sueño te llevará a reinar, recuerda a José, el soñó que reinaba Génesis 37:6, Dios puso ese sueño en su espíritu, por eso el no vivió su vida, y su proceso lamentándose, muy a pesar de que le estaba sucediendo todo lo contrario a lo que había soñado, se mantuvo creyendo en que algo grande vendría a su favor para cumplir con el sueño de Dios en su vida, y cuando la situación parecía mas difícil para que se cumpliera el sueño, en la cárcel recibe la noticia, **"Levántate, come, vístete y aféitate, porque hoy; te vas a presentar ante Faraón...¨.** (Génesis 40:14).

Es posible que como José también te sientas aprisionado por los problemas y situaciones negativas que enfrentas, pero si te atreves a creer; y hacer una buena proyección de tu vida, declarando que algo grande y glorioso viene a tu vida.

Esa declaración de Fe, trastornará el mundo espiritual; y te alineará con el propósito de Dios para tu vida, así que en cualquier momento recibirás la noticia que cambiará tu vida, levántate porque hoy te vas presentar ante **"El Rey de reyes"**.

En este proceso de Fe, en el que entras llamado **"proyección"**, debes tener bien presente lo que dice la biblia, hablando el salmista David, **"Jehová cumplirá su propósito en mi..."**, (Salmo 138:8).

Esta declaración debe ser parte de tu vocabulario, y de tu estilo de vida, creer que no importa lo que suceda, el propósito de Dios siempre se cumple.

No importa la circunstancia en la cual te encuentres, es el decreto de Dios que atraerá el reino a ti, eres un imán espiritual, hay un campo magnético espiritual en ti, que atrae las bendiciones.

Recuerdas lo que dice la biblia en el libro de Deuteronomio; **"Y vendrán sobre ti todas estas bendiciones, y te alcanzaran, si oyeres la voz de Jehová tu Dios..."**, (Deuteronomio 28:2).

Esta es una promesa que gravita a tu alrededor y no importa tu situación, cuando te alineas a las promesas y lo declaras en tu espíritu algo pasa, el apóstol Pablo dice a los corintios, **"Creí por lo cual también hable...",** (2 corintios 4:13). Solo tienen derecho a la palabra, los que pueden creer, si lo crees comienza a declararlo, a proyectarlo en tu vida, haz que los demás lo vean en ti, los Romanos tenían un refrán que decía, **"La esposa del César, no solo debe de serlo, también debe parecerlo"**, y si vas a reinar conforme al diseño de Dios en tu vida, es importante que te levantes, te pongas tu mejor vestimenta, porque hoy te presentarás en el palacio, recuerda es el palacio de tus sueños, de tu visión, de tu reinado, nadie te puede limitar, ni opacar, vive tu sueño, proyéctate como rey.

¨Tu proyección fecundarás el sueño de Dios en tu espíritu¨, por favor presta atención especial a esto, porque es vital que para lograr el objetivo deseado, abra tu mente y tu corazón a esta revelación, recuerda que nuestro objetivo es que te embaraces de un sueño, y tienes que lograrlo para poder pasar al segundo principio que abordaremos en este libro.

Tu proyección se nutre de tu declaración, tienes

que declarar, anunciar a los cuatro vientos, que estás como Dios dice que estás, que tienes lo que Dios dice que tienes, recuerda lo que dice la biblia: **"Porque pensamientos de bien tengo para ti, y no de mal...",** (Jeremías 29:11).

Eso es lo que Dios te dice, es lo que piensa de ti, ¿lo crees?, entonces confiésalo, porque tu proyección se nutre de tu declaración, y entonces esas palabras fecundarán tu espíritu y te embarazaras de lo de Dios.

Esta parte de declarar, es muy importante en este proceso de proyectarte en tu destino profético, porque dice la biblia: **¨porque con el corazón se cree para justicia, y con la boca se confiesa para salvación...¨.**

(Romanos 10:10).

Por eso debes de creer de todo corazón, que Dios es capaz, de cambiar tu situación no importa las circunstancias que te rodeen, hay una salida para cada preocupación, vamos; confiésalo, has que tu voz sea trompeta de Dios para anunciar gloria sobre ti.

La declaración tiene un valor psicológico de proyecciones morales independientes de su valor gramatical;

una misma palabra según su intención puede expresar estados de espíritu completamente opuestos.

Jesús nos hizo saber que nuestra boca habla de la abundancia que hay en nuestro corazón (Mat.12:34).

Santiago nos presenta la palabra como un poder (Stg. 3:5).

Las guerras empiezan y terminan con las palabras.

La riqueza y la pobreza están en poder de la lengua (Prov. 14:24).

Y aun el juicio final será en consecuencia a nuestras palabras (Mat. 12:37).

Pablo ordenó a Timoteo a que fuera un ejemplo de los creyentes en palabra... (1 Tim. 3:12).

Para hablar bien se deben tener en cuenta al menos los siguientes puntos:

- ***Escuchar (Prov. 18:13) El que responde palabra antes de oír, le es fatuidad y oprobio.***
- ***Prestar atención a la Palabra de Dios (Prov.4:20) Hijo mío, está atento a mis palabras; Inclina tu oído a mis razones.***
- ***Ser prudentes (Prov. 10:19) En las muchas***

palabras no falta pecado (error); mas el que refrena sus labios es prudente.

- ***Hablar con simpatía (Prov. 15:23) El hombre se alegra con la respuesta de su boca; y la palabra a su tiempo, ¡cuán buena es!***

Este es tu tiempo para declarar, todo lo que Dios harás contigo.

Porque cuando declaras, activas los principios del reino sobre ti, es decir el reino de Dios, y sus componentes, la ley del reino, la justicia del reino, y la cultura del reino.

Quiero presentarte algunos pensamientos, sobre la declaración, para luego desarrollar, los temas componentes del reino.

La cultura del reino, la Justicia del reino y la Ley del reino.

Si lo que vas a decir no es más bello que el silencio: no lo digas.

Proverbio árabe

Sólo hay una cosa en el mundo peor que estar en boca de los demás, y es no estar en boca de nadie.

Oscar Wilde (1854-1900) Dramaturgo y novelista irlandés.

A los hombres se les puede dividir en dos categorías: los que hablan para decir algo, y los que dicen algo por hablar.

Príncipe Carlos José de Ligne

LA CULTURA DEL REINO

En el proceso de colonización que llevaron a cabo los europeos en América, en el siglo XV y XVI, recordemos que un elemento muy importante que ellos usaron como arma efectiva, era la cultura, en la clase de antropología social y cultural de la Universidad Autónoma de Santo Domingo (UASD), se nos enseñó; que la cultura, es el modo de vida generalizado de un pueblo, que se expresa en su manera de sentir, vivir y actuar.

De esta manera entendemos como se llevo a cado el proceso de colonización en la Española, lo que es hoy República Dominicana, sobre todo en el siglo XVI, con el representante de la corona en la isla, el Gobernador, Nicolás de Ovando.

La construcción de grandes palacios, catedrales, edificios, etc., esa era la forma de decir esto es lo que somos, es nuestro estilo de vida, nuestra grandeza.

Todavía, hoy sentimos admiración, cuando vemos la Catedral Primada de América, esa gran y hermosa edificación en piedra, impresionante edificio estilo gótico influenciado por otros estilo artísticos. Imagínese lo que ese monumento representó en el siglo XVI, para los indígenas, que habitaban la isla, el impacto que les causó, cuando lo vieron por primera vez.

Y ese era el efecto que los conquistadores querían producir, en los habitantes de la isla, proyectarle el sentido de grandeza de su reino.

Ellos trajeron sus costumbres, su estilo de vida a la isla, para poder imponer más fácil el proceso de colonización.

De manera que si asumo el reino de Dios, también debemos asumir la cultura del reino.

Lo primero que sucede antes que llegue el reino; es el arrepentimiento, los romanos fueron los primeros en emplear el término arrepentíos, y la usaban los soldados romanos, cuando salían a conquistar, arrepentíos, significa:

¨devolverse de un camino, para tomar otro, dejar un camino peligroso, para tomar un seguro...¨.

Así que si el ejército iba por un camino, que pudiera resultar peligroso el explorador de camino informaba del peligro, y se daba la orden arrepentíos.

Arrepentíos: **¨Dejar un camino para tomar otro¨.**

Así que cuando se predicó el mensaje del reino por primera vez, el principal requisito que se presentó, fue "Arrepentíos, porque el reino de Dios se ha acercado...". (Mateo 3:2).

Por tanto para entrar en el reino hay que arrepentirse, dejar la mentalidad de este mundo, de miseria, derrota, imposibilidad, para tomar la mentalidad del reino.

Tienes que cambiar por completo tu manera de ver las cosas; ahora tienes que verlas como son en el reino.

Si asumes el reino de Dios, también su justicia, su ley, su cultura, Jesús dijo: **"Mas buscad primeramente, el reino de Dios, y su justicia y todas estas cosas os serán añadidas..."**, (Mateo 6:33).

LA JUSTICIA DEL REINO

Es imposible subestimar la importancia de la justicia de Dios. La justicia es la sustancia que mantiene intacta la estructura de nuestro universo; y del reino de Dios.

Cuando la maldad ataca, hay que imponer a cambio la justicia de Dios. La justicia es la causa por la que a Lucifer le expulsaron del cielo, la razón por la que los descendientes de Adán y Eva fueron redimidos por Jesús en la cruz, el motivo por el que los mártires están sentados en una posición preferente cerca del Padre. En el Reino De Dios, siempre que ocurre una injusticia hay que imponer la justicia.

No obstante, la justicia es algo más que una pauta de Dios. De hecho, se trata de la misma naturaleza de Dios. Su nombre: Jehová Mispat; significa ¨Dios de justicia¨. Su nombre está esparcido por toda la Escritura: YO SOY el juez justo de toda la creación. YO

SOY Dios según quien se juzgan todas las acciones. YO SOY Dios cuyos párpados prueban a los hijos de los hombres. YO SOY el juez imparcial y ecuánime.

La justicia es Su camino

La justicia está escrita en todos los versículos de la Biblia, en cada renglón de las Escrituras. Se menciona de modo específico más de 500 veces y es parte inherente de las palabras y el sacrificio de Jesucristo mismo. Dios es un ser justo y perfecto. Su camino es la justicia, Él nunca puede ser menos que perfectamente justo.

El sistema judicial de Dios gobierna la tierra y hace avanzar el Reino de luz. Dentro del universo, Dios creó un código de conducta que debemos seguir para que Su reino se establezca en la tierra. De hecho, la profecía cuyo cumplimiento has estado esperando ver sólo se cumplirá si estás caminando en los senderos de Dios, de lo contrario Él simplemente no tiene la justificación necesaria para hacer algo por ti. Hay un momento para que Dios administre Su justicia divina para cada asunto al que te enfrentes (Eclesiastés 8:6).

Las balanzas de justicia

En los tribunales a menudo se puede ver una estatua con la balanza de justicia. Es una mujer con una venda en los ojos, que sostiene la balanza en equilibrio perfecto. Cuanto ocurre una injusticia, la balanza se inclina, pero entonces llega la justicia, colocando su peso al otro lado de la trasgresión y restaurando por tanto la balanza de justicia. Sólo un peso igual al de la injusticia puede hacer que la balanza vuelva a estar en perfecto equilibrio.

La justicia consiste en poner peso al otro lado de la balanza. En un contexto espiritual, cuando sea que el enemigo venga a atacarte, la justicia del reino de Dios que es necesaria para equilibrar la balanza, es tuya si la pides. Es así de sencillo. Si hay un ataque de una tonelada en contra tuya, tienes el derecho de pedirle a Dios una tonelada de unción para neutralizar las obras de injusticia del enemigo.

Uno de los maravillosos productos del sistema de la justicia del reino de Dios, es la paz que sobrepasa nuestro entendimiento humano. Cuando dejamos que Dios sea Dios y permitimos que Él actúe por nosotros, podemos deshacernos de toda nuestra preocupación acerca de los asuntos y problemas a los que nos enfrentamos. Después de todo, Dios es el que tiene que equilibrar la balanza, no nosotros.

La justicia del reino, es el cimiento de su trono, es el fundamento mismo de su señorío.

"Porque os digo que si vuestra justicia no fuere mayor que la de los escribas y fariseos, no entraréis en el reino de los cielos...". (Mat 5:20).

Algo muy importante, cuando hablamos del señorío, nos referimos a las propiedades del reino.

Así que la justicia es el fundamento de su señorío, lo que hace que todas las propiedades del reino se administren con justicia, sentido de justicia, igualdad para todos y todas.

De manera que mientras más propiedades tenga el reino, mayor bienestar tendrán para los ciudadanos del reino, y la biblia dice **"De Jehová es la tierra y su plenitud, el mundo y los que en el habita..."** (Salmo 24: 1).

Entonces porque estar preocupado, tu Rey tiene un

reino que no tiene límites, el es el dueño de todo.

De manera que como el hijo pródigo, debes de levantarte y sacudirte el polvo y decir **"Cuanta abundancia de pan hay en la casa de mi padre, y yo aquí comiendo migajas..."** (Lucas 15:17)

Si eres ciudadano del reino, estás llamado a disfrutar de los beneficios del reino, es la justicia que te habilita y te da ese derecho.

Imagínate las grandes desigualdades que se dan en los reinos de este mundo, todo el sufrimiento y desesperanza de sus ciudadanos, solo para darte un ejemplo, que como profesional de las ciencias sociales he debatido muchas veces, según el informe de desarrollo humano, del (PNUD) año 2005, Programa de las Naciones Unidas para el Desarrollo.

"La República Dominicana, en los últimos (50) años ha tenido un crecimiento económico ejemplar, de una tasa promedio de un 5.2%, muy por encima del promedio de la región. Los niveles de desigualdad han aumentado, cerca del 80% de las riquezas que produce la nación, se queda en las manos del 20% de la población, según el citado informe."

Esta es la gran realidad, no solo de República Dominicana, sino de todos los reinos de la tierra, pero, ¡te tengo buenas noticias!, (hebreos 11:13) dice que tú no eres de este mundo, eres peregrino y extranjero, perteneces a un reino, donde la justicia reina, la justicia es parte de la naturaleza de Dios, y la equidad es fundamental para las acciones del reino. La biblia dice:

"Tu trono oh Dios, por los siglo de los siglos, cetro de equidad es el cetro de tu reino..." (Hebreos 1:8).

En el reino de Dios; todas y todos tenemos los mismos derechos y responsabilidades, todos somos herederos y coherederos en Cristo.

Es solo que lo puedas creer, y lo recibas en tu espíritu, para que se establezca como un principio que norme tu estilo de vida, tienes que creerlo para que se activen todas las Bendiciones del reino en tu vida.

Porque sin fe es imposible agradar a Dios, ya lo dice la biblia: **"Es necesario, que el que se acerca a Dios, crea que le hay, y que él es galardonador de los que le buscan..."** (Hebreos 11:6).

De manera que tu fe, activa la justicia del reino, para

que como ciudadano (a) puedas disfrutar de los beneficios del reino.

La biblia dice: **"Abraham creyó a Dios, y le fue contado por justicia..."**. (Santiago 2:23).

Créelo, no eres de este mundo, perteneces a un reino mejor; donde mora la justicia de Dios.

LA LEY DEL REINO

Conjunto de normas, reglas y principios, que legitimizan tu accionar en el reino, es decir todo lo que hace, es respaldado por la ley del reino.

¿Cómo funciona la ley del Reino?

Es simple, siembra, cosecha **"pues todo lo que el hombre sembrare, eso mismo cosechará".**

Primero reconocer que todo es del Rey, nada de lo que posee es tuyo, tienes que estar a disposición del Rey.

Eres un administrador, un representante un embajador.

Analicemos esto, por un momento, cuando un reino de la tierra, establece relaciones diplomáticas con otro reino, se envía una misión diplomática a ese reino representada, por un embajador (a).

Las condiciones operacionales están ya establecidas, mediante el protocolo de relaciones internacionales, ese reinado o país, tendrá en ese territorio extranjero, una representación exacta de su gobierno o reino.

Se regirá bajo la ley de su gobierno; y tendrá soberanía dentro del territorio que ocupa, o embajada, bajo estos términos operan las delegaciones diplomática de los países.

Estas en un país extranjero, pero mantiene soberanía en su territorio operacional o embajada, mantiene tu costumbre, tu cultura, tus celebraciones, días feriados, etc., en otras palabras es un pedazo de tu gobierno incrustado en ese territorio extranjero.

Debes por protocolo, respetar las leyes y costumbres de ese país; donde está tu embajada localizada, pero en forma alguna está obligado, e incluso si cometiere alguna falta a esas leyes, no te pueden hacer nada, tiene lo que se conoce como inmunidad diplomática, cualquier requerimiento tendrán que hacerlo al gobierno que tu representas, a través de la cancillería, oficina de relaciones exteriores de tu país.

Tienes inmunidad

Como ciudadano del reino de Dios, tienes inmunidad en esta tierra, operas bajo la ley del reino, no depende de este mundo, de su economía, de su justicia, ni de sus leyes.

Eres ciudadano del reino celestial. Está en representación diplomática, en esta tierra, tienes tu propia cultura, tus costumbres, tus fiestas, ley, justicia, tienes que entenderlo.

Como embajador de un reino, tu reino tiene que proveer cada necesidad y cada gasto de representación, tiene que proveer casa, vehículo, trajes, seguridad y según el tamaño y las riquezas de tu reino, habrán más cosas, para que las disfrutes mientras hace tu trabajo, no son tuyas, son de tu reino, pero eres el representante, y esa es la ley que opera en el reino, (nada es tuyo) nada de lo que tienes es tuyo, le pertenece al rey.

Eres su embajador, su representante, y el tendrá cuidado en proveer todo, pero absolutamente todo lo que necesites para que lo representes de la manera más digna **"conforme a sus riquezas en gloria".** Aleluya.

Si este mundo fracasa, si está en crisis, recuerda, no eres de este mundo, no operas bajo la ley de este mundo, antes de llorar y quejarte por alguna necesidad, pregúntate, si tu gobierno está en crisis, y entonces sabrá que en el reino de Dios no hay límites, cuando vivas bajo la ley del reino, no te faltaras nada, vamos proyéctate.

Segundo Principio: Expectación.

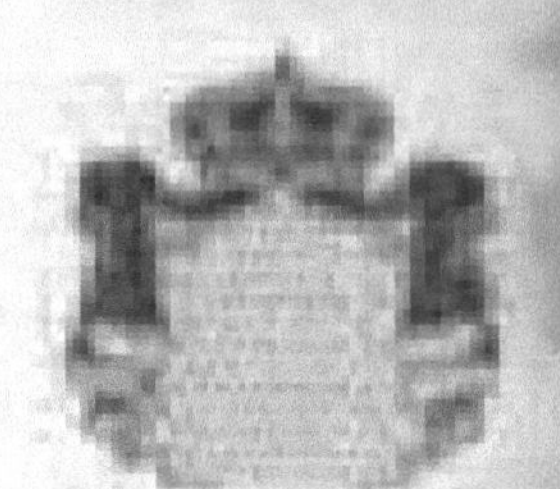

¨Intensidad con que se espera una cosa¨

Este principio es representado por el **Manto Real**, cuando te vistes de realeza, creas las expectativas de que hay fiesta en el palacio. Este principio de la expectación, es el segundo nivel que experimentarás en el proceso de tu preparación para reinar, la expectación es la parte más interesante de la fe, recuerda lo que dice la biblia, **"Es, pues, la fe la certeza de lo que se espera, la convicción de lo que no se ve..."** (Heb.11:1).

Estar a la expectación es estar seguro de lo que viene aunque no se vea, en el primer principio, el de proyección, te embarazaste de una declaración positiva de tu vida, de tu ministerio, de tu familia, empresa etc.

Ahora bien esa declaración debe ser acompañada en este proceso por el principio de la expectación, es decir tienes que estar atento y en acción, listo para lo que viene aunque no lo veas, es como la mujer embarazada siente lo que lleva dentro no lo has visto pero lo siente, y no solo que lo siente sino que comienza a hacer los preparativos para lo que viene, ya se imagina peinando al bebe, comienzas a hacer compras, ropitas, zapatitos, pinta la habitación de la casa para recibirlo, entra en un proceso de expectación por lo que viene, que aunque no lo ve pero sabe que viene, lo puedes sentir, ya ha experimentado los cambios en su cuerpo, ha empezado a sentir dolor por lo que viene, pero lo hace con esperanza.

Esa es tu realidad, ya te has proyectado en tu destino profético ahora tienes que vivir en un tiempo de expectación por lo que viene, tienes que declararlo, se tiene que ver en tu estado de ánimo, en tu adoración, en tu relación con otros, en tu trato y sensibilidad para con los demás.

¨Estás embarazado y necesitas hacer algunos cambios en tu vida¨.

Así como la mujer embarazada entra en un tiempo especial, y en un cuidado especial tú también lo estás, la mujer embarazada no puede comer todo tipo de comidas, sus requerimientos nutricionales aumentan, tiene que ingerir nutrientes.

Calcio, hierro, fibra, ácido fólico, fósforo, magnesio, etc. Estos son importantes nutrientes que la mujer necesita en el embarazo, ahora debes eliminar toxinas, siendo selectiva en los alimentos que ingieres.

Tu también tienes que ser selectivo con lo que recibes en tu espíritu, no puedes permitir que la duda te embargue y bloqueé lo que has recibido, tienes que estar a la expectación de lo que Dios tiene preparado para ti.

¨Tu nivel de expectación, acelera tu posesión¨.

Esto es así porque ahora entiendes lo que dice la biblia hablando el apóstol Pablo, en Romanos 8:28, "Y sabemos que a los que aman a Dios, todas las cosas les ayudan a bien, esto es, a los que conforme a su propósito son llamados".

Cada situación la enfrentas como una oportunidad para que se cumpla el decreto de Dios sobre tu vida.

David y Jonatán eran amigos inseparables, amigos

hasta la muerte, y en vida hicieron un pacto eterno, en él establecieron lo siguiente, el primero que muriera de los dos, se hacía cargo de proteger la familia del otro.

(1 de Samuel 18:3.)

El tiempo pasó, pero ese pacto fue establecido en el cielo, porque nuestro Dios es Dios de pactos eternos y leyes inquebrantables. Recuerdas las palabras de Jesús,

¨Y a ti te daré las llaves del reino de los cielos; y todo lo que atares en la tierra será atado en el cielo; y todo lo que desatares en la tierra será desatado en el cielo...¨. (Mateo 16:19).

¨Cuando te alineas con el cielo, tus declaraciones son decretos¨.

Así que cuando murió Jonatán y David era entonces rey de Israel, y estando en el palacio un día pregunto, "Dijo David: ¿Ha quedado alguno de la casa de Saúl, a quien haga yo misericordia por amor de Jonatán?...". 2ª SAMUEL 9:1

Alguien le comenta que hay un hijo de Jonatán en alguna parte del reino, y que se llama Mefi-boset. Entonces David le envía una invitación para que venga a comer con él al palacio. Mefi-boset no sabía qué pensar, habían pasado muchos años desde que había tenido que salir en desgracia de la casa de su padre. En todos esos años nadie ni siquiera había preguntado por él, y ahora el rey lo invitaba a comer en su mesa. Al principio le asaltó la duda, ¿Qué querrá el rey? ¿Cuáles serán sus intenciones? ¿No querrá librarse del último descendiente de la dinastía de Saúl?

De unos oyó que David era bondadoso, de otros que era terriblemente cruel y un guerrero temible. Mefi-boset estaba confundido, sin saber qué decisión tomar, seguramente había vivido todos estos años con el temor de que vinieran a matarlo.

Mefi-boset había perdido hasta su porte real, al morir Saúl y Jonatán peleando contra los filisteos, la nodriza que lo cuidaba salió huyendo y lo hizo tan apresuradamente que se le cayó de los brazos y se lastimó ambos pies y fue tan grave su quebradura que nunca había podido caminar bien, era paralitico de ambos pies.

Seguramente creció bajo la burla de los demás chicos y sin poder apelar a su linaje real, ya que nadie le creería. Esto debe haber creado una profunda raíz de amargura en su corazón. Vivía también en la total oscuridad y anonimato.

Pero había un decreto que gravitaba sobre su vida, un pacto eterno establecido, en el cielo de Dios, es posible que también tu hayas estado paralizado por un tiempo, sin sentido de futuro, sin grandes expectativas de futuro, pero buenas noticias te recuerdo hubo alguien que pacto en la eternidad de Dios a tu favor.

El garantizo que en su ausencia tu vivieras no como un mendigo en pobreza y paralizado, sino como un príncipe del reino celestial, hay una mesa real preparada que espera por ti, en cualquier momento te van a llamar, vamos eleva tus expectativas, algo grande viene para ti, entras en un tiempo de expectación.

Expectación:

Intensidad con que se espera una cosa.

Diccionario Español de la legua castellana.

Tercer Principio: Impartición.

¨Acción y efecto de impartir¨.

Este principio es representado por la **Llave de la ciudad,** o **Llave Del Reino,** es la impartición de lo de Dios en tu vida, que agilizará los procesos y las ejecutorias para tu reinado.

Cuando entras en un tiempo de impartición lo que sucede es que entras en el Kairos de Dios, es decir en el tiempo de su manifestación.

Existen dos clases de tiempos estos son:

CHRONOS (gr.): Duración de tiempo, la cual podría ser un punto, lapso, espacio, período, un trecho; una cantidad, medida, duración, o longitud. Kairos («sazones») sugiere clase de tiempo. Chronos dice qué día es; Kairos, los acontecimientos especiales que ocurren en el marco de tiempo de chronos.

En otras palabras el tiempo (Chronos) es el tiempo que está limitado por minutos, horas, días, semanas, meses, años, etc.

KAIROS (gr.): Tiempo oportuno, tiempo fijo, tiempo señalado, tiempo debido, tiempo definitivo, tiempo ocasional, tiempo apropiado para la acción. Kairos describe la clase o calidad de tiempo, mientras que chronos denota extensión o cantidad de tiempo.

En otras palabras, es el tiempo perfecto de Dios el cual no está limitado por minutos, horas, días, semanas, meses, años, etc.

Entonces cuando entras en el Kairos de Dios, tu Chronos, es decir tu tiempo de 24 horas, 7 días de la semana, 365 días, es trastornado y acelerado.

2 Pedro 3:8 **"...un día para el Señor es como mil años, y mil años como un día".**

En el tiempo de impartición las cosas que antes tomaban 10 años para realizar, ahora las puedes hacer en 2 años, porque Dios acelera tu Chronos, la impartición de Dios sobre ti es la llave que abre la ciudad a tu favor, las puertas están abiertas ya.

Tu vida será acelerada, muchos de nosotros hemos tenido que recorrer un largo camino para llegar hasta aquí, diferentes procesos, mucho tiempo perdido, pero ahora no tienes que ser así contigo, la impartición te da algo en el momento que tú no tenías, recuerdas las palabras de Jesús:

"Cuando los arresten y los sometan a juicio, no se preocupen de antemano por lo que van a decir. Sólo declaren lo que se les dé a decir en ese momento, porque no serán ustedes los que hablen, sino el Espíritu Santo...". (Marcos 13:11).

Y eso es lo que sucede cuando entras en un tiempo de impartición, algo que no sabias, que no tenías, Dios en el momento te lo imparte, porque ahora estás en un tiempo especial, de lo sobre natural, del Kairos de Dios.

Donde otros fracasaron, tu tendrás éxito, porque la gracia de Dios está sobre ti, sobre tu ministerio, sobre tu familia, a través de cada situación en tu vida ahora hay una enseñanza, una lección de Dios, para impartirte conocimiento, sabiduría.

Recuerda lo que dice la biblia:

"Porque Jehová da la sabiduría, y de su boca viene el conocimiento y la inteligencia. El provée de sana

sabiduría a los rectos; es escudo a los que caminan rectamente...”. (Pr. 2: 6-7).

Esto es impartición del reino, sentirás que te llega la revelación, entiendes y ve lo que otros en un estado natural no pueden ver ni entender, porque no es un proceso natural, es un tiempo sobre natural de lo de Dios operando en tu vida.

No te puedes confundir con lo que ves, o escucha, está en tiempo solo para Dios.

Déjame compartir esta anécdota contigo. - Tres personas estaban hablando acerca de la vida y, llegado un momento, se preguntaron mutuamente qué haría cada una de ellas si supiera que sólo iba a vivir seis meses más.

La primera contestó:

-Oraría diariamente, cumpliría con regularidad mis obligaciones y viviría en paz.

La segunda no dudó en afirmar:

-Vendería todo lo que tengo, emprendería un viaje alrededor del mundo y disfrutaría en grande del tiempo que me quedaba.

La tercera dijo únicamente:

-Iría a consultar a otro médico.

¿Y tú, que harías? Recuerdas, estás en un tiempo de impartición, donde Dios acelera tu tiempo y tu proceso, para proveer lo que no tenia, o lo que solo era posible en otras circunstancias, no tienes tiempo para distraerte, o confundirte, solo escucha lo que oyes decir de Dios, habla solo lo que Dios dice.

Vive ahora para tus sueños, para tus proyectos, para tu visión, está siendo instruido por el Señor, y el impartirá a tu espíritu todo lo que debes recibir.

No quiero que se mal interprete, el proceso de impartición en la vida de un creyente, la impartición te da en un momento lo que no tiene, te revela en palabras de sabiduría lo que es prudente y oportuno decir y hace, pero en modo alguno significa que debes abandonarlo todo, y dejar de prepararte, todo lo contrario ahora entiendes que tienes que estar preparado porque vas reinar, y tu preparación es valor agregado en la impartición.

Cuarto Principio: Conexión.

"Punto donde se realiza un enlace entre dispositivos o sistemas".

Este principio es representado por la **Corona Real**, cuando tienes la corona tienes conexión, este principio te expande a otro nivel, a otra dimensión. **"Bienaventurado el varón que soporta la tentación; porque cuando haya resistido la prueba, recibirá la corona de vida, que Dios ha prometido a los que le aman..." (Stg.1:12).**

Ahora estás en un tiempo de lo sobre natural, tiempo de conexiones, sentirás que el cielo está abierto para que declares, y es porque Dios lo dice. Salmos 103.

> ***4El que rescata del hoyo tu vida, El que te corona de favores y misericordias;***
>
> ***5El que sacia de bien tu boca De modo que te rejuvenezcas como el águila.***

Ahora estás favorecido, entonces los contactos vendrán

a ti, tu nombre se nombrará en muchos lugares, personas querrán conocerte, te llegarán correos electrónicos, te llamarán a tu móvil, se cumplirá lo que dice la palabra:

¨He aquí, llamarás a gente que no conociste, y gentes que no te conocieron correrán a ti, por causa de Jehová tú Dios, y del Santo de Israel que te ha honrado…¨. (Isaías 55:5).

El principio de conexión del reino, no solo te alineas con Dios que es tu mayor recurso, sino que él te coronará de gracia para con otros, recuerdas, gentes que no te conocieron correrán a ti.

Ahora tienes la corona, esto es una marca visible sobre ti establecida en el reino espiritual, te relacionaras con otras personas del reino, que hablan tu mismo lenguaje, que entienden tu proceso, que serán de inspiración y motivación, así como tú debes de serlo para otros.

Ahora estás conectado con tu destino profético, eso significa que nadie, ni nada puede impedir que se cumpla en tu vida.

¨Y serás corona de gloria en la mano de Jehová, y

diadema de reino en la mano del Dios tuyo…¨. (Isaías 62:3).

Debes de creerlo en tu espíritu, saber que no puedes perder ninguna oportunidad para hacer conexión, porque no eres tú, Dios te pondrá delante las personas indicadas, tienes ahora que saber cómo les presentarás tu visión, tus proyectos.

Estás en un tiempo divino para conexión y necesitas aprovechar cada detalle, poder discernir cuando hay una oportunidad del reino, y cuando el enemigo de nuestra fe, quiere confundirte.

Es importante que entiendas esto, porque ahora hay un campo magnético espiritual sobre ti, eres un imán divino, recuerdas gentes que no te conocieron, correrán a ti.

Pero no todas esas gentes irán con buenos planes, lo mismo pasaba con Jesús, "Se le acercó una gran muchedumbre en la que había cojos, mancos, ciegos, mudos y muchos otros, que se echaron a sus pies, y los curó…". (Mt. 15:30)

Debes reconocer cuales son los mancos, cuales los ciegos, y cuáles son los cojos, en otras palabras, con cuales intenciones vienen a ti, es muy importante que lo sepas.

Porque es justo ahora cuando muchos tratarán de desmeritar tu ministerio, hay personas que no soportan el éxito de los demás, algunos dirán yo he trabajado más que él o ella, tengo más tiempo haciendo esto, me lo merezco, y ante la ausencia de argumentos, tratarán de calumniarte.

No solo gente de afuera, sino de tu propio entorno, gente que metían la mano en el plato contigo, y es que al activar los principios del reino sobre tu vida, tendrás que realizar cambios.

Y esos cambios producen resistencia de gente que no quiere cambiar, tendrás que estar preparado para dejar que algunos se alejen de ti.

Pero no te preocupes, estás en un tiempo de conexión, y las personas indicadas vendrán a ti. Tendrás alianzas que enriquecerán tu experiencia y aumentarán tus expectativas.

Conexiones sin límites, a todos los niveles del reino te expandirás, no temas encontrarte, o reunirte con gentes que tradicionalmente estuvieron alejados de ti, pueden ser políticos, empresarios, religiosos, e incluso quienes fueron tus opositores o enemigos, ahora tendrán algo que decirte, y algo que escuchar de ti.

Está en un tiempo de conexión, y el cielo se ha abierto a tu favor, a favor de tu casa, a favor de tu ministerio, conexión en todos los niveles.

Quinto Principio: Realización.

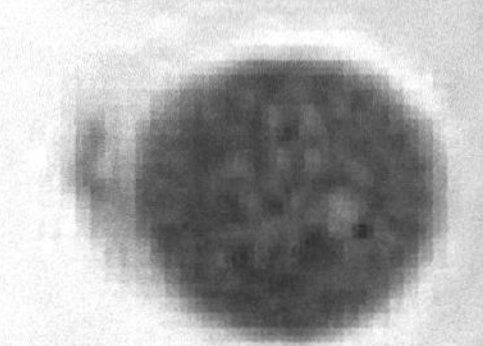

Ejecución de una obra o de una acción.

Este principio es representado por el **Anillo Real**, y es que ya estás listo para firmar los decretos que ordenan las grandes realizaciones que siempre has soñado, ya sea en tu ministerio, en tu familia, en tu empresa, o cualquier otro ámbito de tu vida.

Es tiempo de ejecución, de actuar, no te puedes detener, es el momento más interesante de todo este proceso que has experimentado, pronto tus sueños tendrán formas visibles, quienes te criticaron comenzarán a quedarse sin argumentos.

La clave es que puedas entender la dinámica misma de cómo se realizan las cosas en la visión del reino. En primer lugar reconocer que Dios va suministrando fichas para que las coloques en su lugar, es como cuando le compras un rompe cabezas al niño, notarás que la imagen principal, el gran paisaje o el enigma a descifrar esta impreso en la parte delantera de la caja, pero dentro de la caja están las fichas separadas, la tarea es identificar el lugar para cada fichas y al final tendrás la imagen, de la gran visión.

De algo tienes que estar seguro, y es que aunque te tome un tiempo, no faltarán ningunas de las fichas, por eso es muy importante que primero hagas un gran ejercicio visual de tu imagen, de tu visión, de la portada que está impresa en la caja, porque necesitarás ayudas para poner fichas, claro; si es que tu visión es grande.

Porque si es así, vas a necesitar colaboradores, hijos, escuderos, tienes que descubrir quienes serán tus aliados en este proyecto; para que los prepares.

Ellos tendrán que ver lo mismo que tú ves, tendrán que sentir lo mismo que tú sientes, se alinearán, serán uno en torno al destino profético de Dios.

Así y solo así podrás reproducir tu visión en ellos para que la realicen, y cuando esto suceda, serán tu línea frontal en los proyectos del reino.

¨Harán lo que vean salir de ti¨.

Quiero que analicemos los siguientes versículos del

capítulo 30 del libro de Génesis, ahí encontraremos algunos ejemplos muy interesantes para aplicarlos a este principio.

Génesis 30:

30:31Y el dijo: ¿Que te daré? Y respondió Jacob: No me des nada; si hicieres por mi esto, volveré a apacentar tus ovejas.

30:32Yo pasare hoy por todo tu rebaño, poniendo aparte todas las ovejas manchadas y salpicadas de color, y todas las ovejas de color oscuro, y las manchadas y salpicadas de color entre las cabras; y esto será mi salario.

30:33Así responderá por mí honradez mañana, cuando vengas a reconocer mi salario; toda la que no fuere pintada ni manchada en las cabras, y de color oscuro entre mis ovejas, se me ha de tener como de hurto.

30:34Dijo entonces Labán: Mira, sea como tú dices.

30:35Y Labán aparto aquel día los machos cabríos manchados y rayados, y todas las cabras manchadas y salpicadas de color, y toda aquella que tenía en si algo de blanco, y todas las de color oscuro entre las ovejas, y las puso en mano de sus hijos.

30:36Y puso tres días de camino entre si y Jacob; y Jacob apacentaba las otras ovejas de Labán.

30:37Tomo luego Jacob varas verdes de álamo, de avellano y de castaño, y descortezo en ellas mondaduras blancas, descubriendo así lo blanco de las varas.

30:38Y puso las varas que había mondado delante del ganado, en los canales de los abrevaderos del agua donde venían a beber las ovejas, las cuales procreaban cuando venían a beber.

30:39Así concebían las ovejas delante de las varas; y parián borregos listados, pintados y salpicados de diversos colores.

30:40Y apartaba Jacob los corderos, y ponía con su propio rebaño los listados y todo lo que era oscuro del hato de Labán. Y ponía su hato aparte, y no lo ponía con las ovejas de Labán.

30:41Y sucedía que cuantas veces se hallaban en celo las ovejas más fuertes, Jacob ponía las varas delante de las ovejas en los abrevaderos, para que concibiesen a la vista de las varas.

30:42Pero cuando venían las ovejas más débiles, no las ponía; así eran las más débiles para Labán, y las más fuertes para Jacob.

30:43Y se enriqueció el hombre muchísimo, y tuvo muchas ovejas, y siervas y siervos, y camellos y asnos.

Si tu visión es grande, tienes que hacer que quienes te rodean; la hayan escuchado y visto tantas veces de ti, que sean capaces de embarazarse de ella y parirla, ese es el gran reto que tienes ahora; lograr embarazar a tu gente de tu visión.

Tienes que usar todos los medios a tu disposición, para promover tu visión, la gente tienen que verla, ellos van a parir lo que ven.

Cuando me embaracé de la visión del reino, pasé de pastorear en una marquesina, a una preciosa iglesia, muchos no entendían cuando decíamos que estamos aquí, pero pronto tendremos el mejor lugar de esta zona, les dabas detalles de cómo sería el templo, del lobby, de la librería, de la guardería, del programa de micro préstamo, etc.

Algunos decían ¿de dónde vendrán los fondos?

Pero muchos comenzamos a creer que algo grande podía suceder, que era posible que pasáramos de una situación de pobreza, a reinar, y a establecer lo de Dios en nuestra comunidad; la cultura del reino.

No fue fácil, pero lo hicimos, y no nos detenemos, estamos en un proceso acelerado de conquista, tú también puedes, levántate a ejecutar el decreto de Dios en tu vida; o en tu ministerio, recuerda; Dios va dando fichas, esa es la dinámica de la realización que tienes que considerar, porque esas fichas nunca están lejos, olvídate de un gringo que viene con un maletín lleno de dólares, para que realice tus proyectos, primero capitaliza lo que tienes, los que te rodean, empieza con los tuyos, y Dios los multiplicará, recuerda a Jesús y el milagro de la multiplicación de los panes y los peces. Jesús preguntó: **"¿Cuántos panes tienen ustedes? Vayan a ver". Después de averiguarlo, dijeron: "Cinco panes y dos pescados..."** (Marcos 6.:38).

Esto es muy importante para que suceda el milagro, tienes que lograr poner a disposición del maestro todo lo que tienen. Comienzas a poner las fichas que tienen, ellas se van a multiplicar, muchas veces no llegaran en el orden deseado, pero llegaran, en mi caso en un momento me vi trabajando en diferentes proyectos al mismo tiempo, porque entendí que la dinámica de la realización es poner fichas, y mientras me mantuviera poniendo, ellas iban a llegar, trabajaba en la construcción, de la librería, de la guardería, del lobby, casi simultáneamente, cuando llegaban fichas las identificabas y las ponía en su lugar.

Algunos no entendían, y decían; el pastor quiere hacer muchas cosas al mismo tiempo, y eso no se puede, tienes que terminar algo primero pastor.

Pero yo les decía, **"estoy poniendo fichas y yo no decido el orden en que llegan, solo las pongo y al final veremos los resultados...".**

Mi hermano, cuando comiences a realizar tu visión muchos no entenderán lo que haces, te trataran de persuadir de ella, pero tú, solo tú sabes lo que has recibido de Dios, no te desanimes, sigue adelante porque Dios traerás todo lo que os falte conforme a sus riquezas en gloria, en Cristo Jesús señor nuestro.

Así que no te desanimes, comienzas a realizar tu visión del reino, no esperes mas, comienza con lo que tienes, provoca el milagro de la multiplicación, los demás te seguirán se alinearán a la dinámica de la realización, traerán fichas y te ayudaran a ponerlas en su lugar, serán los principales promotores del reino, pasaran a ser hijos de la visión del reino.

Se creará la paternidad espiritual, porque solo así funciona el principio de la realización, activando la familia del reino, se cumplirá lo que dice la biblia:

“El Hará volver el corazón de los padres a los hijos, y de los hijos a los padres...”. (Malaquías 4:6).

No te limites, estás en un tiempo especial para realizar, para actuar, para hacer que el reino de Dios se establezca en tu país, en tu comunidad, en tu ministerio, en tu finanza, el milagro sucederá.

Recuerda esto, solo cuando los israelitas se decidieron creer y obedecer la victoria que había sido anunciada por Josué, y cuando los sacerdotes entraron sus pies en el rio Jordán, solo así se abrió el rio para que ellos pasaran a la tierra de la bendición.

Tienes que meter tus pies en las aguas, tienes que comenzar a realizar tu visión ahora, no mañana, levántate en este mismo instante, y pon el primer ladrillo, da el primer paso de fe, haz un acto simbólico y espiritual, que active el milagro de la multiplicación.

Y con el milagro en acción, vivirás para cumplir con el sueño de Dios en ti, no serás fácil pero el milagro ya esta, tienes que actuar, actuar y actuar.

Recuerda algunos querrán saber cuál es el secreto, ellos no estuvieron en tu proceso, pero ahora quieren saber cómo lo lograste, recuérdales la anécdota de violinista.

- El famoso violinista Fritz Kreisler dio una vez un concierto excelente. Después del programa, uno de los admiradores que le felicitaban entusiasmados exclamó ante él:

- Daría mi vida entera por tocar el violín tan maravillosamente como lo hace usted, maestro.

- Eso es lo que he hecho yo: dar mi vida entera al violín - le contestó Kreisler.

De eso se trata, de dar tu vida por tus sueños, por tus ideales, por una causa mayor que tus ambiciones personales, dar tu vida por el reino de Dios.

Porque aun después de muerto nuestras obran siguen y se cotizan más, así lo dice la biblia, ¨Bienaventurados de aquí en adelante los muertos que mueren en el Señor. Sí, dice el Espíritu, descansarán de sus trabajos, porque sus obras con ellos siguen...¨ (Apocalipsis 14:13).

- El pintor holandés Vincent Van Gogh murió el 29 de julio de 1890. Sólo tenía 37 años de edad, era muy pobre y desconocido para todo el mundo. Pintó más de 1.700 cuadros en menos de diez años; pero sólo consiguió vender uno de ellos, al precio de 85 dólares. Murió creyendo que era un fracasado.

Sin embargo, a pesar de las fluctuaciones de su salud física y mental, su trabajo fue el inicio de una tendencia pictórica que ha ejercido la máxima influencia en el arte moderno. No hace mucho tiempo todavía, uno de sus cuadros se vendió en cincuenta millones de dólares en una sala de subastas.

Pero tú no morirás sin que ante veas el reino establecerse en tu vida, asume estos 5 principios con responsabilidad, y perseveras en ellos, y reinara.

Porque esta tiene que ser la mentalidad y la determinación, de las personas del reino, estar si fuera necesario dispuesto a morir; por causa del establecimiento del reino de Dios.

Recuerda a Nabot y su viña, era su herencia, su vida, su historia, sus principios, y no estaba dispuesto a renunciar, mejor muerto que vender mi heredad, este era su lema.

BIBLIOGRAFÍA:

Diccionario Enciclopédico Vox 1. © 2009 Larousse Editorial, S.L.

Diccionario Español de la lengua castellana. Editorial Educativa, King Kolor, 2005.

Diccionario Bíblico Ilustrado, Vila Escuain, Editorial Clie, 1985.

Munroe, Myles, Kingdom Principle, Diplomat Press, Nassau, Bahamas, 2006.

Printed by Books on Demand GmbH, Norderstedt / Germany